智慧的话

今天的圣经

章节

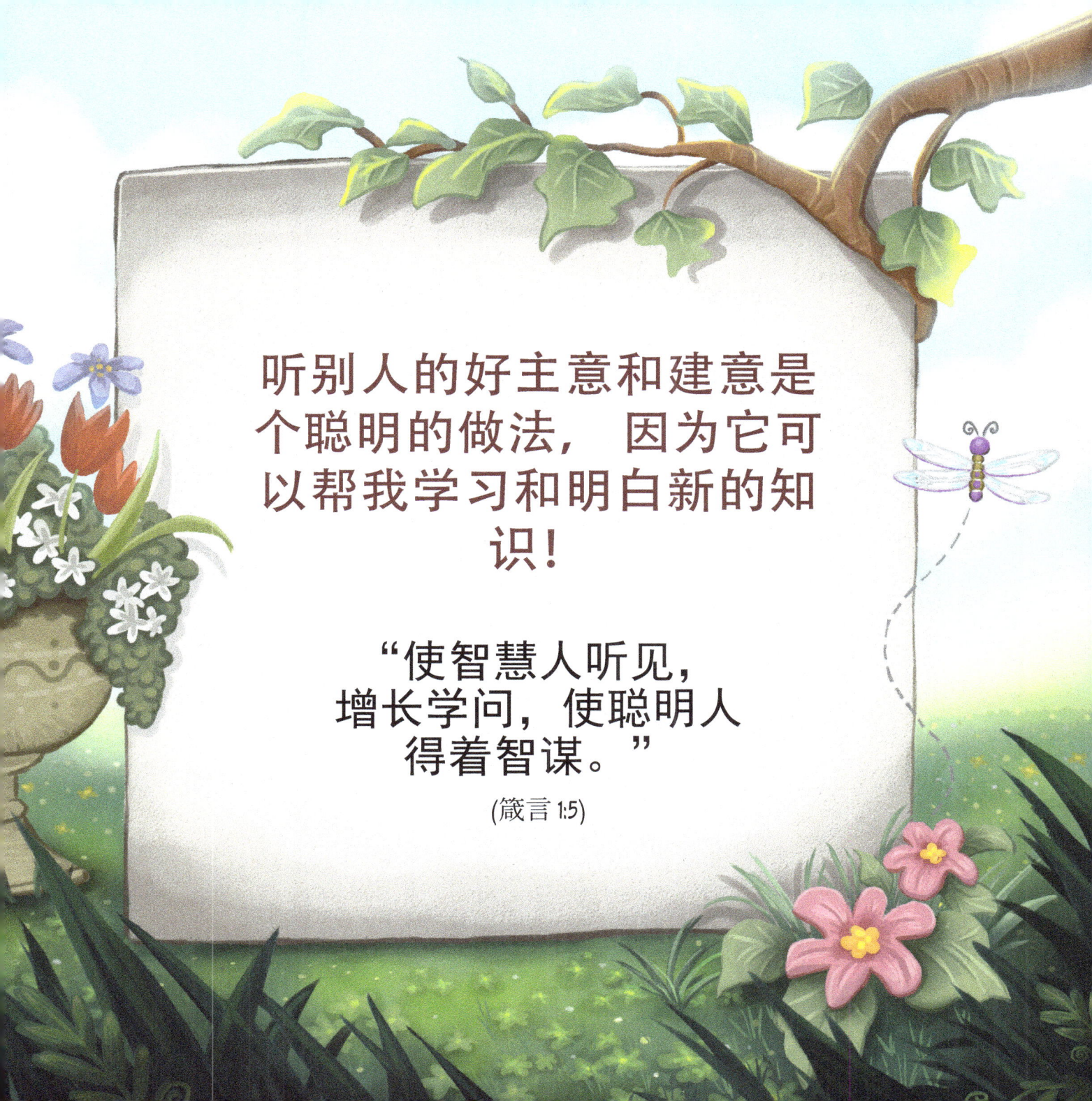

听别人的好主意和建意是个聪明的做法，因为它可以帮我学习和明白新的知识！

"使智慧人听见，增长学问，使聪明人得着智谋。"

(箴言 1:5)

如果你长大以后，想成为有智慧的人，首先要做的，就是要敬畏神和祂的话。

"敬畏耶和华是知识的开端；愚妄人藐视智慧和训诲。"

(箴言 1:7)

神的话教我做对的事。我想全心全意遵守祂的话去做。

"我儿,不要忘记我的法则;你心要谨守我的诫命。"

(箴言 3:1)

我全心全意信靠神。我不需要自己找出答案，因为祂为我安拍的计划是最好的。我祈求祂，希望祂会帮我做好的选择。

"你要专心仰赖耶和华，祂必定指引你的路。"

(箴言 3:5,6)

如果我的头腦想好事，
我就很开心，很慈善。

"你要保守你心。"

(箴言 4:23a)

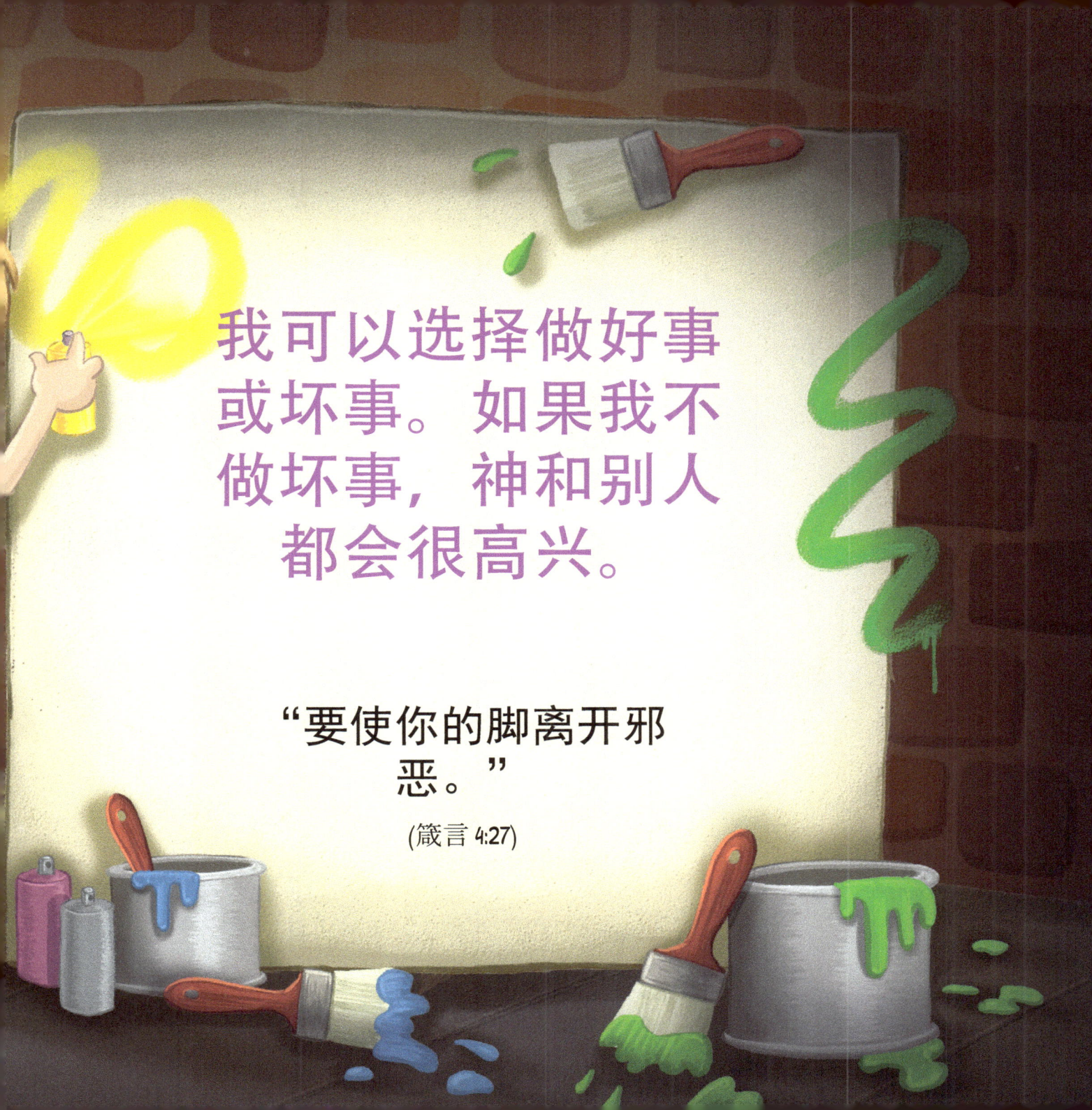

我可以选择做好事或坏事。如果我不做坏事,神和别人都会很高兴。

"要使你的脚离开邪恶。"

(箴言 4:27)

如果我与别人分享,神就会祝福我。为别人着想让我感觉很好,也让别人高兴。

"好施舍的,必得丰裕。"

(箴言 11:25)

我必须天天很勤劳和忠诚地工作。虽然不容易,但每当我看到好的成积,就以此为荣,而且感到神的祝福。

"诸般勤劳都有益处。"

(箴言 14:23)

因为我想成为真正的朋友,所以我必须常常用爱心对待别人,而不只是有需要的时候才对人好。

"朋友乃时常亲爱。"

(箴言 17:17)

当我用柔和的声音回答别人，会把怒气消除。但如果我用不好的态度回答，就会增加怒气。

"回答柔和，使怒消退。"

(箴言 15:1a)

我最好要诚实，因为神知道一切。如果我做对的事，祂看到的，我做错了，祂也看到。

"耶和华的眼目无处不在。"

(箴言 15:3)

每当我祷告,祈求神的帮忙,事情就比较顺利。

"你所做的,要交托耶和华,你所谋的,就必成立。"

(箴言 16:3)

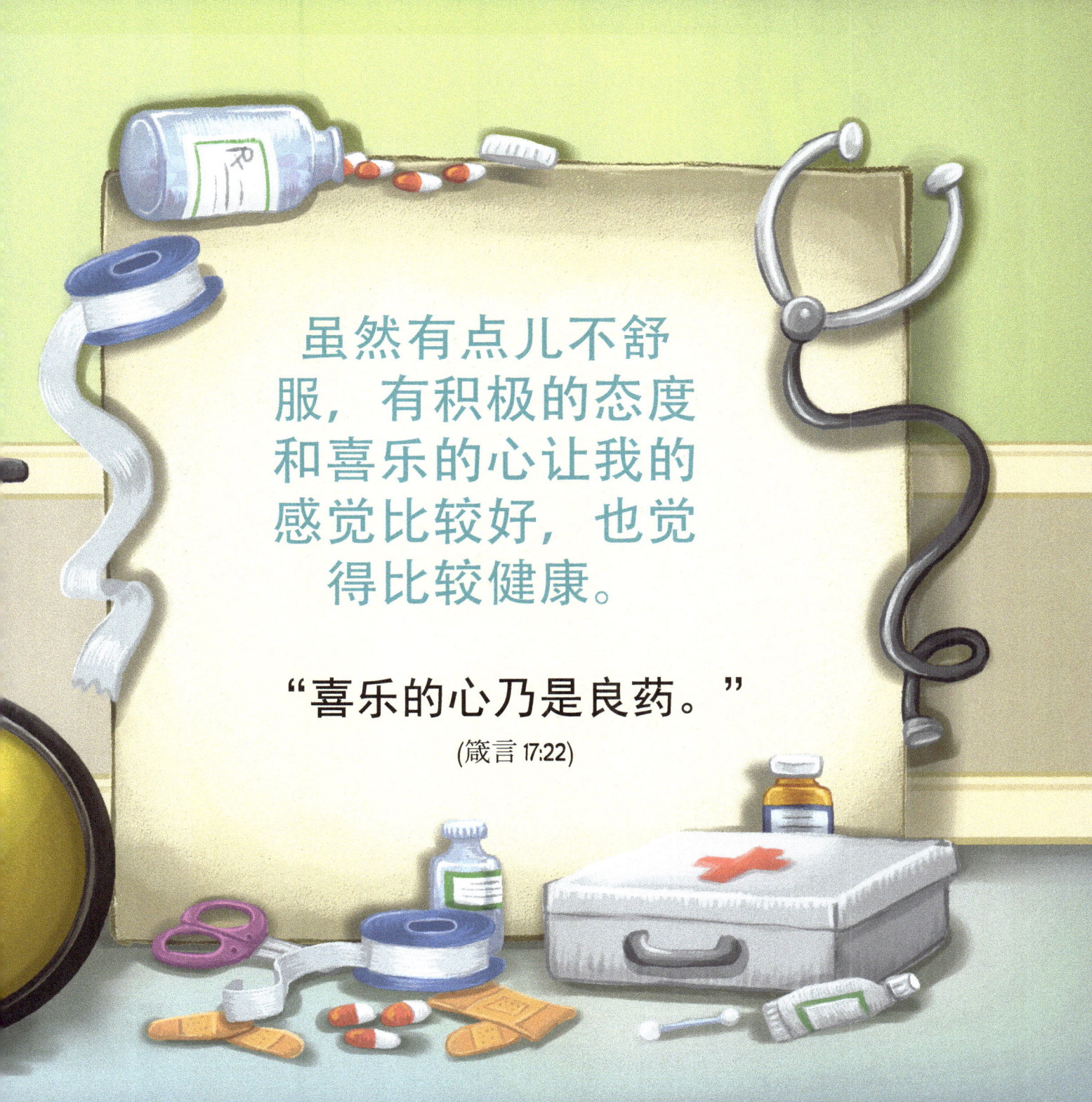

本系列更多图书：

iCHARACTER

出版商：iCharacter Ltd.（爱尔兰）
www.icharacter.org
作者：Agnes 和 Salem de Bezenac
插图：Agnes de Bezenac
配色：Noviyanti W.
版权所有。保留所有权利。
所有圣经经文改编自KJV。
翻译：陈雅苓

Copyright © 2017 iCharacter Limited。版权所有。除书评人可在重要文章或评论中简短引用本书内容外，未经出版商或作者书面许可，不得以任何形式或通过任何电子或机械方式（包括信息存储和检索系统）复制本书任何内容。

www.ingramcontent.com/pod-product-compliance
Lightning Source LLC
Chambersburg PA
CBHW040006080526
44586CB00027B/2900